212

5090

Cambray

5.090

E.t 1283.

En reliant ce volume on a mis ~~devant~~ la première la pièce qui devait être la dernière.

PRÉCIS

CONCERNANT L'EXECUTION

DU

CONCORDAT

GERMANIQUE.

(1)

PRECIS SIGNIFIE'

POUR Georges-Albert-François de la Verdure de
Gaverelle , ancien Chanoine, nommé Prevôt de
l'Eglife Métropolitaine de Cambray, par élection du
Chapitre de cette Eglife , du 28 Janvier 1744. Oppo-
fant à l'enregiftrement des Bulles obtenues par le
Sieur Filzmaurice le 6 Mars 1744. & Appellant
comme d'abus de l'exécution defdites Bulles , & de
celles précedemment obtenues par quelques Prevôts
de l'Eglife de Cambray.

CONTRE *le Sieur Robert Filzmaurice , Chanoine de ladite*
Eglife Métropolitaine , pourvû de la Prevôté de ladite
Eglife , par lefdites Bulles du 6 Mars 1744. Demandeur
en enregiftrement defdites Bulles , & Défendeur à l'appel
comme d'abus.

EN *préfence des Chanoines & Chapitre de ladite Eglife Mé-*
tropolitaine , Intervenans , Adhérans à l'appel comme
d'abus.

A queftion qui divife les Parties, eft de fça-
voir fi la Collation de la Prevôté de l'Eglife Métropolitaine de Cambray eft refervée
au Pape , ou fi le Chapitre a droit de la conferer par la voie d'élection.
Le Concordat Germanique régit l'Eglife de Cambray, & c'eft la loy refpectivement reclamée par les
Parties.   A

Les premieres Dignités, après la Pontificale, & les Principales dans les Collegiales, font-elles à la difpofition du Pape en tous genres de vacance, ou à la collation des Ordinaires, dans les Eglifes foumifes au Concordat Germanique ?

Ce Concordat, qui eft un contrat finalagmatique, une vraie tranfaction fur procès, qui a reglé irrévocablement les droits de la Cour de Rome fur les Eglifes d'Allemagne, & ceux des Ordinaires, eft la loy dans laquelle fe trouve le principe de decifion. (a)

Cette loy contient-elle la referve des premieres Dignités, après la Pontificale dans les Cathedrales, en tous genres de vacance ?

Le §. *de cæteris* eft le fiege de la difficulté. Ce §. lû avec une parenthèfe, placée fuivant l'idée du fieur Filzmaurice, on pourroit peut-être trouver quelque raifon de douter. Mais ce même §. lû fans parenthèfe, ou la parenthèfe placée comme le texte original & le fens de la loy en general l'exigent évidemment, bien loin de fournir un prétexte à la referve des premieres Dignités en tous genres de vacance, on y trouve au contraire une exclufion formelle de cette referve.

Ces termes du §. *de cæteris, majoribus Dignitatibus poft Pontificales in Cathedralibus, & Principalibus in Collegiatis exceptis de quibus jure ordinario provideatur per illos inferiores ad quos aliàs pertinet,* affurent bien difertement le droit des Ordinaires.

Tel eft le Concordat Germanique dans l'édition que Libnits en a donnée, tiré des Archives de l'Empire, & dans le Corps Diplomatique du même Auteur (b) dans le premier Volume des Traités de Paix, (c) dans de Heiff, Hift. d'Allemagne ; (d) cet Auteur obferve que le Concordat, tel qu'il eft rapporté, a été tiré du Regiftre

(a) *Nos attendentes Concordata prætacta & in pacti inter partes habere.* Bulle de Jules III. du 14 Sept. 1554.

(b) Pag. 396. édit. de 1693.

(c) P. 517. édit. de 1700.

(d) Tom. 3. pag. 309. édit de Holl.

3

des Bulles de Nicolas V. avec qui ce Concordat fut fait, dans l'augufte Bafilique de l'Abbaye Royale de Saint Arnoult, (e) & enfin dans la Conftitution de Charles V. du 9 Fevrier 1554. (f) Quelques Auteurs ont lû ce §. avec une parenthêfe fermée après le mot *pertinet* ; cela eft égal, le fens eft toujours le même. Il faut obferver encore qu'on lit dans toutes les éditions citées ci-deffus, *provideatur*, qui eft un terme imperatif, au lieu de *providetur*.

(e) Pag. 318.

(f) Placards de Brab. tom. 3. p. 179.

Le fieur Filzmaurice ne contefte aucune de ces éditions ; il a même avoué formellement que le texte original du Concordat eft également fans ponctuation & fans parenthèfe.

Premier Mémoire, pag. 6.

Peut-on lire après cela, fur la foy de Branden & de fes Sectateurs, le §. *de cæteris*, avec une parenthèfe fermée après le mot *exceptis*, & fur cet unique fondement, fuppofer dans le Concordat une referve des premieres Dignités en tous genres de vacance, dont il n'y eft fait aucune mention, & qu'on ne trouve introduite, même dans les pays d'obedience, que fort long-tems après le Concordat ? Eft-ce là une autorité fuffifante pour admettre une lecture du Concordat differente du texte original, & du texte imprimé avec les Conftitutions de l'Empire, qui ont foumis à cette loy les Eglifes d'Allemagne ?

Pour établir cette referve dans le Concordat, voici en peu de mots à quoi fe reduit le fiftême du fieur Filzmaurice.

Syftême du fieur Filzmaurice.

1°. Cette referve exiftoit avant le Concordat ; le Pape n'ayant point abandonné par une difpofition expreffe aux Ordinaires la collation des premieres Dignités dans les Cathedrales, & des Principales dans les Collegiales, fe les eft refervées ; cette referve eft reftée telle qu'elle étoit

A ij

en uſage avant le Concordat. 2°. C'eſt le ſentiment des. Docteurs. 3°. L'uſage eſt l'interprete de la loy. Le Pape a exercé cette reſerve depuis le Concordat dans toutes. les Egliſes d'Allemagne & dans celles de Metz, Toul & Verdun. 4°. Enfin le Pape a la poſſeſſion ſur l'Egliſe de Cambray.

A ne conſulter que les termes du Concordat Germanique dans le texte original, ou dans les Conſtitutions de l'Empire, qui en ont fait une loy pour toutes les Egliſes d'Allemagne, & non avec cette parenthèſe, qui en rendroit le ſens abſurde, que l'ignorance ou l'interêt perſonnel ont fait imaginer, on trouve le droit des Ordinaires inconteſtable.

S'il reſtoit quelque doute, qu'on examine le Concordat comme un Traité, *(g)* comme une Tranſaction qui regle des prétentions reſpectives entre les Parties contractantes, ne ſeroit-il pas abſurde d'y ſuppoſer une diſpoſition ſur une prétention qui n'exiſtoit point, ſans une mention expreſſe? La reſerve des premieres Dignités étant inconnue au tems du Concordat, eſt-il poſſible de la ſuppoſer dans un Traité qui n'avoit d'autre objet que les conteſtations élevées, & les prétentions du Pape connues alors?

On a prouvé invinciblement que cette reſerve étoit inconnue avant le Concordat Germanique de Nicolas V. de 1448. tant parce qu'on n'en trouve aucune trace dans le Corps de Droit, dans les Extravagantes, ni dans aucune Conſtitution particuliere, antérieure au Concordat que par les diférentes Decretales qu'on a rapportées *(h)* par leſquelles les Papes avoient formellement reconnu avant le Concordat, le droit des Ordinaires à cet égard; par le Concordat de Martin V. de 1418. par lequel ce Pape avoit expreſſément declaré, que les premieres Dignités

dans les Cathedrales , & les Principales dans les Collegiales , font à la difpofition des Ordinaires ; par les Regles de Chancellerie publiées par le même Pape , Auteur du premier Concordat , à fon élevation au Pontificat , dans lefquelles on ne trouve aucune idée de cette
referve , que ce Pape n'auroit certainement pas omife , fi
elle eût exifté ; par la Pragmatique de l'Empereur Albert
II. de 1438. où cet Empereur attefte que les Eglifes
d'Allemagne étoient dans la poffeffion du droit d'élire à
leurs Dignites ; par les articles 27 & 28. de réformation
prefentés au Concile de Conftance par les Allemands ,
& par le projet de réformation donné par le Pape , (*i*)
où il n'eft fait aucune mention de la referve generale des
premieres Dignités en tous genres de vacance ; & enfin
par les Regles de Chancellerie d'Innocent VIII. publiées
bien des années après le Concordat, par lefquelles ce Pape
confirme les anciennes referves , & crée enfuite celle
dont il s'agit dans fa troifiéme Regle, comme n'exiftant
point encore , puifqu'il fe feroit borné à la confirmer ,
comme il avoit fait à l'égard des anciennes referves.

Le fieur Filzmaurice ayant fait dépendre l'intelligen-
ce du §. *de cæteris*, de l'exiftence de cette referve avant
le Concordat, n'étoit-ce pas à lui à la prouver ? on le
défie de l'indiquer dans aucune Bulle , & de citer même
un feul exemple de collation faite par le Pape en vertu de
cette referve avant le Concordat. Nous avons prouvé au
contraire par les Bulles mêmes des Papes, par le Concordat de Martin V. par les Regles de Chancellerie du même Pape, & par celles d'Innocent VIII. que c'eft dans
les Regles de Chancellerie de ce dernier Pape, publiées
long-tems après le Concordat, que fe trouve le berceau
de cette referve. (*l*)

(*i*) L'art. XXVIII.
eft conçu en ces ter-
mes : *Qu'on n'élife à
l'Epifcopat que des
Docteurs ou Licen-
ciés , après un rigou-
reux examen en Theo-
logie & en Droit Ca-
nonique ou Civil , de
même qu'aux autres
Dignités inferieures
dans les Eglifes Ca-
thedrales.* Lenfant ,
Hift. du Conc. de
Conft. tom. 2. l. 6.
pag. 193, & 194.

(*l*) L'ufage des
Regles de Chancel-
lerie, fur tout pour
ce qui concerne la
forme des Expedi-
tions & des Juge-
mens, étoit connu
avant Innocent
VIII. ainfi que les
referves de toute
forte de Benefices ,
generales & fpeciales,
c'eft-à-dire , perpe-
tuelles & pour un
tems. Mais on ne
trouve pas un feul
exemple d'une refer-
ve generale ni fpe-
ciale , *en tout genre
de vacance,* dans au-
cune Conftitution ,
ni dans aucune Re-
gle de Chancellerie ,
avant le Pontificat
d'Innocent VIII.

A la suite de toutes ces preuves, quelle force n'aura pas cette observation bien simple & bien naturelle que presente le Concordat même ? Que le sieur Filzmaurice jette encore une fois les yeux sur le Concordat, il avouera que ce Traité contient dans le premier §. la reserve des premieres Dignités dans les Cathedrales, & des Principales dans les Collegiales, en cas de cassation en cas d'heresie, de promotion, de simonie, &c. en un mot, en cas de nullité de l'élection. Ces reserves dans des genres de vacance singuliers, ne sont-elles pas incompatibles avec une reserve generale en tous genres de vacance de ces mêmes Benefices ? Si le Pape prétendoit ou croyoit avoir acquis la reserve de cette sorte de Benefices en tous genres de vacance, auroit-il fait inserer dans le Concordat des reserves de ces mêmes Benefices dans des cas singuliers ? Il y a plus, c'est que ces reserves dans tous ces cas singuliers, supposent necessairement le droit des Ordinaires, & emportent incontestablement la reconnoissance la plus formelle de la part du Pape, que les Ordinaires ont le droit de collation de ces mêmes Benefices, mais que le Pape ne se les reserve que dans les cas où la collation des Ordinaires sera nulle. Cette consequence est victorieuse. (*m*)

Que le sieur Filzmaurice nous indique le §. du Concordat où se trouve la reserve des premieres Dignités ? De son aveu le §. *de cæteris* ne contient qu'une simple exception des premieres Dignités, de l'alternative, avec cette declaration du Pape, qu'il n'entend point qu'il y ait d'autres reserves que celles exprimées dans les §§. précedens *ultra reservationes prædictas*, & les §§. précedens ne contiennent des reserves des premieres Dignités, que dans des cas singuliers, qui, comme on vient de l'observer, sont une exclusion absolue d'une reserve

(*m*) *Tertiò reservat Beneficia aut Dignitates ad quos aliqui in concordia vel discordia electi vel postulati fuerint, si electio cassata, aut postulatio repulsa, aut si renunciatio per Papam admissa fuerit.* Constit. de Charles V. contenant le Concord. Germ. rapportée dans les Placards de Brabant, tom. 3. tit. 12.

dâns toûs les genres de vacance. Sur quel prétexte le fieur Filzmaurice peut-il donc fuppofer cette referve dans le Concordat ? Car il eſt inconteſtable que le droit de collation des Dignités dans les mains du Pape , en cas de caſſation de l'élection , fuppofe neceſſairement le droit d'élection entre les mains des Chapitres.

C'eſt ainſi qu'une multitude d'Auteurs de poids , & dont le ſuffrage ne peut être ſuſpect au fieur Filzmaurice , ont lû & entendu le Concordat Germanique. Fagnan , Gonzalez , Lotterius , Chokier , le Cardinal Puteus , Æneas Silvius , Nonce en Allemagne & enſuite Pape , le Pere Thomaſſin , Vaneſpen , Blondeau , Pinſon , Dubois , Tourneley , de Heiſſ , Goldaſt Heymensfeld & Leoninus. (n) Ces autorités ſont-elles détruites par celles que leur oppoſe le fieur Filzmaurice ?

2ᵉ PART.
Sentiment des Auteurs.

L'Auteur des Mémoires du Clergé , dont le fieur Filzmaurice rapporte le ſentiment , n'a point traité la matiere *ex profeſſo*. Il n'a parlé des Concordats Germaniques qu'à l'occaſion des trois Evêchés ; & ne faiſant point attention à l'Indult ampliatif & aux prétentions de la Cour de Rome , qui , ſuivant les Lettres du Cardinal d'Oſſat , regardoit les trois Evêchés comme un pays d'obedience, il a cru que les prétentions du Pape ſur les premieres Dignités cedées au Roy par l'Indult de Clement IX. ne pouvoient être fondées que ſur le Concordat , & qu'il en étoit de même des Egliſes d'Allemagne. Cet Auteur a erré dans le principe ; il n'avoit aucun interêt d'approfondir cette matiere , étrangere à ſon ouvrage , ainſi que l'Auteur des Loix Eccleſiaſtiques , qui ne dit que deux mots du Concordat Germanique dans un préambule.

Le fieur Filzmaurice cite encore M. Fleury , le Pelle-

(n) Ce dernier Auteur a traité la queſtion fort au long à l'occaſion de l'élection de Maximilien de Bergues à l'Archevêché de Cambray , que le Pape prétendoit conferer en vertu des Regles de Chancellerie. Cet Auteur, qui connoiſſoit à fond la matiere , dit , Conſeil 50. §. *Pro cujus demonſtratione* , que ſelon le Concordat Germanique, non ſeulement les Benefices électifs inferieurs ſont reſtés à la diſpoſition du Chapitre , mais auſſi l'Archevêché.

tier & le Pere Mainbourg , fans rapporter leur fentiment , & fans citer même l'endroit de leurs ouvrages , où
il eft fait mention des Concordats Germaniques.

Le premier en parle dans fon Hiftoire Ecclefiaftique ,
Tom. XXI. page 515. où il dit » que le Concordat avec
la Nation Françoife , étoit à peu près le même que
» celui des Anglois & des Allemands, tout étant formé
» fur le pied des articles de la réformation.» Ce qui eft
une exclufion de la referve des premieres Dignités en
tout genre de vacance , puifqu'il n'eft fait aucune mention d'une referve de cette nature dans les articles de la
réformation rapportés par Lenfant, Hift. du Concile de
Conftance, Liv. 6. Tom. 2. pag. 193. dans lefquels le
Pape ne demandoit que les referves exprimées dans le
droit & dans les Conftitutions de Jean XXII. & de Be-
noît XXII. qui font les Extravagantes *execrabilis* & *ad
regimen* , où l'on ne trouve pas même l'idée d'une referve
generale en tout genre de vacance.

M. Fleury parle encore du Concordat Germanique ,
Tom. XXII. page 478. où il excepte fimplement de l'alternative les premieres Dignités , fans expliquer fi cette
exception laiffe cette forte de Benefices à la difpofition
du Pape , ou dans les termes du Droit Commun. Le
même Auteur, Inftitutions au Droit Ecclefiaftique , pag.
80. édition de 1722. ne dit que ce peu de mots fur le
Concordat Germanique : » En Allemagne les élections
» fe font confervées par le Concordat de 1447. » Peut-
on dire que cet Auteur eft du parti du fieur Filzmaurice ?

A l'égard de le Pelletier & du Pere Mainbourg , ces
Auteurs ne méritent pas d'être confultés fur une affaire
auffi férieufe. On ne s'eft pas donné la peine de parcou-
rir leurs Ouvrages , pour trouver l'endroit où le fieur

Filzmaurice

Filzmaurice croit qu'ils parlent en sa faveur. Il en fait bien peu de cas lui-même, puisqu'il s'est borné à les nommer. En effet, le premier étoit Banquier, & parfaitement ignorant sur les usages & les Loix des Eglises d'Allemagne, & le Pere Mainbourg est un Historien generalement decrié.

Le sieur Filzmauriee a cité Gregorius Tholozanus, Spondanus, Crecentius, Laymant, Barbosa & Simoneta, de mauvaise foi, ou sans les avoir lûs.

Gregorius Tholozanus, qui a écrit deux vol. in fol. sur le droit universel, dit très-peu de chose sur le Concordat François. Il rapporte à peine la date du Concordat Germanique, l. 17. ch. 2. & 17. & ne parle que des reserves & des Regles de Chancellerie, qui sont reçues en France.

Spondanus rapporte l'alternative, avec l'exception des premieres Dignités de l'alternative, sans expliquer si la collation en appartient aux Ordinaires, ou si elles sont reservées au Pape.

Crecentius, à l'endroit cité par le sieur Filzmaurice, ne dit autre chose des Concordats, si ce n'est que ce sont des Traités ausquels on ne peut déroger par des reserves. (o)

Layman cité, *Theol. Moral. lib.* 4. *tract.* 2 *cap.* 11. *n.* 1. rapporte la reserve portée par la troisiéme Regle de Chancellerie, sans dire un mot des Concordats.

Barbosa à l'endroit cité, rapporte, comme Layman, la reserve des premieres Dignités, sans parler du Concordat Germanique. Cet Auteur qui a composé douze volumes in fol. dit que cette reserve se trouve dans l'Extravagante *ad regimen*; ce qui prouve peu d'exactitude; car cette Constitution ne contient point de reserve d'aucun Benefice en tous genres de vacance. Les reserves qui y sont comprises n'avoient lieu que pour des cas singu-

(o) *Reservatio licet concedatur Alemano in Alemania, etiam in mensibus ordinariis collatoribus concessis, etiamsi deroget alternativis, non videtur derogare Concordatis, quia sunt in in vim pacti .... ideo eis numquam intelligitur derogatum.* De privileg. decis. 2. alias 55. pag. 205.

liers. Le même Auteur *de jure Ecclef. tit.* 1. *de Elect. Prelat. in gen. cap* 1. *n.* 44. attefte que de droit commun la difpofition des premieres Dignités appartient aux Chapitres.

Simonetta , *quæft.* 1. *n.* 4. établit pour principe que le Pape a la difpofition de tous les Benefices ; d'où il tire la confequence qu'il peut, fans le fecours d'aucune referve , prévenir tous les Collateurs. Mais cet Auteur ne dit pas un mot du Concordat.

Quoique prefque tous ces Auteurs foient peu eftimés, & que leur opinion ne foit pas d'un grand poids, fur quel fondement le fieur Filzmaurice en-a-t'il enflé fes citations ?

Que refte-t'il donc au fieur Filzmaurice de l'étalage pompeux d'autorités qu'on trouve dans fes Mémoires ? Il eft réduit à plaider contre le Droit Commun , contre le Concordat & les ufages des Eglifes d'Allemagne : avec le feul fecours de Branden & de fes Sectateurs obfcurs, Louvrex , Nicolars , la Croix , Pirring , Laurenius, Spichler & Reiffinftuel, qui tous ont fuivi Branden & raifonné comme lui , fur la fuppofition que la troifiéme Reglé de Chancellerie , contenant la referve des premieres Dignités en tout genre de vacance , exiftoit avant le Concordat , & que cette Regle eft confirmée par le Concordat. Tous ces Auteurs regardent les prétentions de la Cour de Rome comme des droits , & les droits des Ordinaires comme des ufurpations. Le faux de ce principe étant demontré , de quel poids peut être le fentiment de tous ces Auteurs ? Il faut les renvoyer dans la pouffiere d'où le fieur Filzmaurice les a tirés inutilement.

Nous avons prouvé par le fentiment des Auteurs qui ont traité avec quelqu'attention des Regles de Chan-

cellerie ; par les Conſtitutions qui contenoient les referves anterieures aux Concordats Germaniques ; par les
termes mêmes du premier de ces Concordats, dans lequel le Pape reconnoît formellement que la collation des
premieres Dignités appartient aux Ordinaires ; par les
articles de la réformation reſpectivement preſentés par
le Pape & par les Allemands, ſur le pied deſquels le
Concordat de Martin V. a été formé, où il n'eſt point
queſtion de la reſerve generale des premieres Dignités
en tous genres de vacance ; & enfin par les termes de la
Conſtitution d'Innocent VIII. de 1484. qui contient ſes
Regles de Chancellerie, que la reſerve des premieres
Dignités en tout genre de vacance, étoit inconnue
avant le Concordat de Martin V. qu'on n'en trouve aucune trace avant la Conſtitution d'Innocent VIII. qui
avoit fait cette reſerve dans ſa troiſiéme Regle de Chancellerie.

Les art. de la réformation reſpectivement preſentés par
le Pape & par les Allemans, ſur le pied deſquels le Concordat fut formé, (a) ne faiſant aucune mention d'une reſerve generale en tout genre de vacance, preſentent ſur
tout une preuve frappante que cette reſerve étoit alors inconnue, & n'a pu faire dans le Concordat la matiere
d'une diſpoſition en faveur du Pape.

D'où il faut neceſſairement conclure que le Conc
dat ne faiſant point mention de cette reſerve, & cor
nant une ſimple exception des premieres Dignités de
reſerve de l'alternative, le Concordat a laiſſé cette ſoı
de Benefices dans les termes du Droit Commun, alc
encore entier à cet égard, & que le decret irritant d
Concordat ayant été un obſtacle perpetuel à l'introduc
tion de cette reſerve, faite depuis le Concordat, les pro-

(a) Fleury Hiſt. Eccleſ. tom. xxL. pag. 515.

viſions accordées dans la ſuite par les Papes en vertu de cette reſerve , ſont abuſives & declarées nulles par le Concordat même , & conſequemment le Pape ne peut en tirer aucun droit.

Tous les Auteurs que nous avons cités, ont lû le Concordat ſur ces principes. Les uns le rapportent ſans parenthèſe , les autres avec la parenthèſe fermée après ces mots , *ad quos aliàs pertinet* , & tous decident également que le Concordat ne contient point la reſerve dont il s'agit ; que les premieres Dignités ſont reſtées à la diſpoſition des Ordinaires , & que ce n'eſt qu'en faveur du droit commun que les premieres Dignités ont été exceptées de l'alternative. *Exceptis tamen,* dit Tournely, *Cathedralium atque Collegiatarum Dignitatibus , quæ ſemper à ſuis collatoribus ordinariis conferenda remanent.* (p)

Si l'on conſulte l'uſage des Egliſes d'Allemagne , on eſt également convaincu que le Pape n'a jamais conferé les premieres Dignités en tous genres de vacance. On y trouve les Ordinaires en poſſeſſion de cette partie du Droit Commun avant & après le Concordat , & l'on ne voit pas un ſeul exemple de collation du Pape , faite en vertu du Concordat , en tous genres de vacance. Car on ne peut compter comme des actes de cette eſpece , des collations faites dans des cas ſinguliers de vacance , qui ſont au nombre des reſerves conſervées par le Concordat, tels que ſont les trois exemples cités par le ſieur Filzmaurice , de Benefices vacans , l'un pour cauſe de ſimonie, l'autre pour cauſe d'hereſie, & le troiſiéme par promotion.

Peut-on dire que le Pape ait exercé le droit de conferer en tous genres de vacance , dans aucun de ces cas ſinguliers, exprimés dans les proviſions ?

On a prouvé par le *Gallia Christiana* la possession de toutes les Eglises soumises au Concordat Germanique, dont parle cet Auteur. Cet usage du Concordat n'est-il pas encore parfaitement établi par la Constitution de l'Empereur Ferdinand de 1559. adressée à l'Eglise de Cambray, & par la Bulle *Super gregem* donnée par Sixte V. pour l'interprétation du Concordat Germanique, au sujet de l'Eglise de Tongres qui avoit été depouillée de son droit de nomination à la premiere Dignité après la Pontificale, & depuis rétablie par cette même Bulle, sur le fondement que le Concordat ne contenoit point cette reserve ?

Ces Loix levent également toute difficulté sur le droit & sur le fait. L'Empereur soutient dans sa Constitution les droits qu'ont les Ordinaires de conferer les premieres Dignités, *jus eligendi, disponendique de Prælaturis, Dignitatibus*, & Sixte V. decide clairement que les Dignités ne sont point comprises dans les Regles de Chancellerie, ni même dans aucune des reserves qui ne sont point inserées dans le Corps du Droit, *neque Dignitates ipsas electivas sub Cancellariâ Regula Dignitatum hujusmodi reservatoria, aut aliis in corpore Juris non clausis reservationibus Apostolicis comprehensas esse.*

L'Indult accordé au Roy sur les Eglises de Metz, Toul & Verdun, est absolument étranger à l'usage du Concordat Germanique, parce que ces Eglises n'avoient point été comprises sous la loy du Concordat Germanique, dont l'Eglise de Metz n'a joui pendant quelque tems, qu'à titre de privilege du Saint Siege ; que suivant les Lettres du Cardinal d'Ossat, le Pape prétendoit *omnimodam potestatem* sur ces trois Diocèses, & que c'est sur ce principe que fut donné l'Indult du Roy, dans lequel il n'est fait aucune mention du Concordat Germanique.

L'ufage actuel de l'Eglife de Strafbourg, comprife fous la loy du Concordat, avec toutes les autres Eglifes d'Allemagne, ne peut être cité en faveur du fieur Filzmaurice. Il eft vrai que le Pape nomme aujourd'hui à la Prevôté de cette Eglife, mais ce n'eft pas *pleno jure*. Il exerce au contraire le droit du Chapitre, en vertu d'un compromis, qui eft un monument inconteftable de la reconnoiffance la plus formelle de la part du Pape, du droit d'élection qui appartient au Chapitre.

Quel pourroit être l'effet d'une poffeffion particuliere du Pape fur l'Eglife de Cambray ? Il eft de principe qu'on ne peut prefcrire contre le Concordat. Cette poffeffion pourroit-elle donc fervir à attribuer dans le Concordat par interprétation au Pape, un droit que cette loy ne contient pas, & ne lui donne point dans aucune des Eglifes qui lui font foumifes ? Mais à quoi fe réduit dans le fait cette prétendue poffeffion ? Elle n'eft appuyée que fur quatre collations faites, non en vertu du Concordat, dont il n'eft fait aucune mention dans les Bulles, mais en vertu d'une referve introduite depuis le Concordat, & incompatible avec cette loy. Ces collations ne font fondées que fur les Regles de Chancellerie profcrites par le Diplome de Ferdinand I. du 9 Mars 1557. pour l'Eglife de Cambray.

Il ne peut être queftion de prefcription dans cette conteftation, parce que le Concordat l'a prévue & profcrite par un Decret irritant; *(q)* ce qui écarte fans difficulté tout acte poffeffoire de la part du Saint Siege, dont on voudroit faire ufage, pour introduire une referve, un droit nouveau, contraire au Concordat, & qu'on ne peut tirer avantage de la poffeffion, qu'en la prefentant comme l'interpréte de la loy. Mais il faudroit en ce cas que la poffeffion eût la loy du Concordat pour principe, c'eſt-à-dire que le Pape eût conferé en tous genres de vacance les premieres Dignités , avant le Concordat, en vertu d'une reſerve anterieure au Concordat , & qu'il eût continué d'exercer le même droit de collation, comme lui ayant été reſervé par le Concordat. La poſ-ſeſſion du Pape & cet uſage du Concordat, pourroit être en ce cas de quelque poids. C'eſt-là qu'on pourroit peut-être appliquer la maxime *error communis , &c.*

Mais on ne nous oppoſe point une poſſeſſion de cette nature. Le Pape n'a jamais conferé avant le Concordat, en vertu de cette reſerve , puiſqu'elle n'exiſtoit pas : on l'a demontré. On ne nous objecte que quelques provi-ſions ſingulieres ſur l'Egliſe de Cambray , non en vertu du Concordat, mais d'une reſerve introduite pluſieurs années après le Concordat, par la troiſiéme Regle de Chancellerie d'Innocent VIII. (r) pendant qu'il fau-droit étendre cette poſſeſſion generalement ſur toutes les Egliſes régies par le Concordat , & la faire remonter tout au moins au tems du Concordat, pour pouvoir y avoir recours, comme à un interprete du Concordat. Peut-on s'arrêter un moment ſur une pareille poſſeſſion, pour ſuppoſer dans le Concordat une reſerve , à laquelle reſiſtent également les termes & l'eſprit de cette loy?

Ce Procès ſe réduit donc à la queſtion de ſçavoir , ſi le Pape peut aſſujettir par la ſeule force de la poſſeſſion , à la troiſiéme Regle de Chancellerie , les Egliſes régies par le Concordat. Cette queſtion eſt l'une des plus im-portantes qu'on puiſſe élever ſur les prétentions de la Cour de Rome , & n'intereſſe pas moins l'Egliſe Galli-cane , que les Egliſes d'Allemagne , puiſque le Concor-dat François & le Concordat Germanique ont une égale autorité dans les Egliſes qui y ſont ſoumiſes. En France l'exécution du Concordat eſt aſſurée par une diſpoſition

(r) Les quatre pró-viſions produites par le ſieur Filzmaurice , ſont faites en vertu d'une reſerve énon-cée en ces termes : *Dudum ſi quidem ,* &c. qui ne ſe trouve que dans la 3ᵉ Re-gle de Chancellerie d'Innocent V I I I. & il faut obſerver , que le Pape eſt obli-gé d'énoncer qu'il confere en vertu du Concordat , autre-ment ſes proviſions ſont declarées abu-ſives.

expreſſe de la Loy & par les Ordonnances de nos Roys. Le Concordat Germanique a prévu & proſcrit par le §. *& ad finem*, toute entrepriſe, tout acte contraire, & les Empereurs en ont également aſſuré l'exécution, par des Ordonnances dans toutes les Egliſes d'Allemagne, & ſingulierement par une Ordonnance expreſſe & locale pour l'Egliſe de Cambray. *

* Ces Ordonnances ſont produites.

Admettre que le Pape peut par la force de la poſſeſ-ſion, introduire l'uſage de la troiſiéme Regle de Chancellerie dans les Egliſes régies par le Concordat Germanique, ce ſeroit donc reconnoître que le Pape peut déroger aux Concordats, & qu'il peut établir l'uſage de cette reſerve generale dans l'Egliſe de France, où le Concordat François n'a pas une autorité plus abſolue que le Concordat Germanique dans les Egliſes d'Allemagne. Il eſt évident que ce qui ſeroit decidé en faveut de cette reſerve, contre l'un des deux Concordats, également incompatibles avec l'uſage de cette reſerve, militeroit contre l'autre, & formeroit un égal préjugé contre l'exécution & l'autorité des deux Concordats.

Le ſilence du Chapitre n'eſt donc point un moyen en faveur du Pourvû du Pape. Leoninus, Conf. 50. y répond en peu de mots : *In his enim quæ publici juris ſunt, & univerſitati Nationis competunt, nullum eſt ſubditorum arbitrium aut poteſtas.* Le Concordat Germanique eſt une loy de l'Empire, un droit National, auquel il n'eſt pas plus permis à une Egliſe particuliere de déroger par ſon ſilence, que par des actes formels.

Que devient d'ailleurs la poſſeſſion du Pape, conſiderée en elle-même, indépendamment du Decret irritant du Concordat, & du privilege du droit public, qui réſiſtent également à toute poſſeſſion contraire, ſi l'on fait attention que cette poſſeſſion n'eſt appuyee que ſur qua-

tre

tre provifions faites en vertu de la troifiéme Regle de Chancellerie ; que le Pape vient d'abandonner ce titre & cette poffeffion, en conferant au fieur Filzmaurice pour la premiere fois en vertu du Concordat ? Le Pape a donc reconnu lui-même l'abus de l'ufage de la troifié- me Regle de Chancellerie, & le vice de fa poffeffion, puifqu'il l'a abandonnée. Les provifions du fieur Filzmau- rice effacent donc entierement cette poffeffion tant vantée.

L'ufage de cette referve ne peut avoir lieu dans l'E- glife de Cambray, fans donner atteinte au Concordat, à la Conftitution de Charles V. de 1554. & à celle de l'Empereur Ferdinand de 1559. adreffée à cette Eglife , par laquelle cet Empereur ordonne expreffément que *les Ordinaires continueront de jouir, conformément à la très-ancienne coutume de l'Empire & au Concordat, du droit de conferer les premieres Dignités.* (ſ) On ne fçauroit par confequent autorifer l'ufage de cette referve, fans dé- truire les principales difpofitions des Capitulations de 1667. & de 1677. & des Lettres Patentes de 1669. en- regiftrées au Parlement de Flandres, qui ont donné à ces Conftitutions, concernant la difpofition des Benefices de l'Eglife de Cambray , la même autorité dans le Royaume, qu'ont les Loix Municipales des autres Pro- vinces, qui ont été autorifées par des Lettres Patentes.

Le Roy aujourd'hui, au lieu & place des Empereurs, eft comme l'étoient les Empereurs, le Protecteur de l'Eglife de Cambray, & par confequent le Pape n'a pu déroger feul & fans le concours de l'autorité du Roy, aux ufages & libertés de cette Eglife par une referve qui y eft contraire, fuivant la décifion du Pape Jules III. (t)

Le Confeil a jugé en faveur du Chapitre de Lille, que

(ſ) Deux années auparavant le même Empereur avoit donné un Diplome à l'Archevêque de Cambray , dont le Pape refufoit de con- firmer l'election, par lequel il declare que les Regles de Chan- cellerie font contrai- res à tous les droits & privileges du Saint Empire. *Legatus pro Ecclefia Camer. pag.* 28.

(t) *Nos attendentes Concordata prætacta vim pacti inter partes habere, & quæ ex pa- cto conftant , abfque partium confenfu ab- rogari non confueviffe neque debere.* Bulle du 14 Septembre 1554.

le Pape ne peut avoir de droit à la collation des Benefices, soit dans les Pays de Concordat, soit dans les Pays d'usages, tel qu'est la Flandre, qu'en vertu d'un titre constitutif formé par le concours des deux Puissances, & qu'il ne peut acquerir aucun droit par la voie de la prescription, quelle que soit la possession, parce qu'il ne sçauroit conferer *jure ordinario.* C'est sur cette maxime de l'Etat que le Roy a maintenu l'Eglise de Besançon, qui se trouvoit précisément dans le même cas que l'Eglise de Cambray, dans le droit d'élire son Prevôt en vertu du Concordat, qui régit cette Eglise, comme loy de l'Empire, devenue loy du Royaume par les capitulations, de même que celle de Cambray.

Voudroit-on assimiler l'Eglise de Cambray à celles de Metz, Toul & Verdun, & prétendre que le Pape peut accorder au Roy un Indult semblable à celui qui fut accordé pour ces trois Eglises à Louis XIV ?

Ce seroit reconnoître dans le Pape un droit qu'il n'a point, & donner atteinte aux droits du Roy. L'Eglise de Cambray ne peut être comparée aux Eglises de Metz, Toul & Verdun.

De ces trois Eglises, celle de Metz fut dabord la seule comprise sous le Concordat, par un Indult ampliatif. (*u*) Les Eglises de Toul & Verdun furent traitées avec bien moins d'indulgence. Ces deux Eglises solliciterent un pareil Indult, qu'elles n'obtinrent qu'environ cent ans après, & il est remarquable que le Pape ne leur accorda cette grace en 1519 & 1546. qu'à condition qu'elles ne nommeroient point aux premieres Dignités. Ce qui est une reconnoissance bien formelle de la part du Pape que la collation des premieres Dignités ne lui appartient point par la loy du Concordat.

Mais cet Indult n'étant qu'un privilege, la Cour de

(*u*) Du Bois, Max. du Droit Can. tom. 1. pag. 421. & la Bibl. Can. *Verb. Concordat.*

Rome ne le laissa pas subsister en son entier, comme l'attestent les Lettres du Cardinal d'Ossat au Roy Henry IV. des 26 Avril & 21 Décembre 1601. La Cour de Rome soutenoit alors que Metz, Toul & Verdun faisoient partie de la Lorraine, où le Pape prétendoit *omnimodam potestatem* dans la distribution des Benefices, & sur ce fondement on disputoit au Roy la nomination des Evêchés & Abbayes. La Cour de Rome combattoit les Elections, & soutenoit que les premieres Dignités étoient reservées au Saint Siege, & que le Pays Messin devoit être comparé à l'Italie ou au Comtat d'Avignon, où les Evêques, reputés simples Vicaires du Pape, n'ayant aucune jurisdiction naturelle, que celle qu'ils empruntent du Saint Siege, ne peuvent refuser les Mandats, les Graces expectatives & les Reserves.

Sur ce principe, la Cour de Rome exerçoit toutes les reserves de toute espece, dans les Eglises de Metz, Toul & Verdun, parce que ces Eglises ne pouvoient reclamer l'autorité du Concordat auquel elles ne participoient, que par un privilege du Saint Siege, qui étoit un monument perpetuel de leur soumission à toutes les reserves, auquel le Pape pouvoit déroger.

C'est par cette raison que le Pape, pour ceder au Roy la nomination des Benefices dans l'Indult du 22 Mars 1659. y déroge, non au Concordat Germanique, dont il ne fait pas même mention, mais à toutes les reserves de toute espece, & singulierement aux Indults accordés aux Eglises de Metz, Toul & Verdun : en un mot, il ne cede point au Roy les droits qu'il avoit en vertu du Concordat Germanique, mais ceux dont il étoit en possession en vertu de toutes les reserves, & même des Regles de Chancellerie, incompatibles avec le Concordat. (x) Ce qui constate parfaitement que les Eglises de Metz, Toul & Verdun,

(x) *Nonobstantibus quibusvis generalibus, vel specialibus Ecclesiarum prædictarum reservationibus, seu affectionibus Apostolicis per quoscumque Romanos Ponifices pradecessores nostros, ac nos & sedem prædictam quomodolibet factis, seu pro tempore faciendis, necnon Cancellaria Apostolica editis & edendis . . . privilegiis quoque & indultis . . & potestatis plenitudine similibus der gamus.* Indult du 22 Mars 1659.

n'étoient point régies par le Concordat, loy incompatible avec l'ufage d'un Indult, ainfi accordé fans le confentement & le concours de ces Eglifes.

L'Eglife de Cambray ne peut être traitée de même, parce que l'ufage du Concordat Germanique n'eft point dans cette Eglife, comme dans celle de Metz, l'effet d'un privilege & d'une grace accordée par le Saint Siege, que le Pape foit en droit de révoquer; & qu'avant l'introduction de cette nouvelle loi, l'Eglife de Cambray étoit régie par les Loix de l'Eglife Gallicane dont elle faifoit partie. Ainfi elle fut affujettie à la loi du Concordat, non par une grace du Saint Siege, mais à titre onéreux, par une loi expreffe de l'Empereur, alors Souverain de Cambray.

Si l'on vouloit attribuer au Pape le droit d'Indult fur l'Eglife de Cambray, à l'*inftar* des Eglifes de Metz, Toul & Verdun, il faudroit neceffairement trouver un principe à ce droit, ou dans l'état primitif de cette Eglife, ou dans fon état actuel. Car un pareil Indult fuppofe des droits acquis au Pape, dont il difpofe & qu'il cede au Roy.

C'eft un fait qui ne peut être contefté, que Cambray avoit été ufurpé fur le Royaume de France; qu'avant l'ufurpation, & même pendant le tems qu'a duré l'ufurpation, l'Eglife de Cambray a toujours fait partie de l'Eglife Gallicane jufqu'en 1554. que Charles-Quint l'affujettit à l'obfervation du Concordat Germanique. Elle fut enfuite érigée en Métropole en 1560. jufqu'alors les Evêques de Cambray affiftoient aux Conciles de France, & étoient facrés par l'Archevêque de Rheims leur Métropolitain. (*y*)

Ainfi, fi l'on rappelle l'Eglife de Cambray à fon état primitif, il n'eft pas poffible de trouver un prétexte au

(*y*) On trouve les preuves de ce fait dans Gregoire de Tours. Les Conciles du P. Labbe, les Capitulaires de Charlemagne & de Louis le Pieux, & dans le Codex Chriftianum.

droit d'Indult. Cette Eglife doit jouir des libertés de l'E-
glife Gallicane, dont en ce cas elle fait partie, & le
Roy rentré dans fon Domaine, doit jouir des droits atta-
chés à la Couronne, comme Patron & Fondateur, droits
qui, fuivant les maximes de l'Etat, ne permettent point
l'ufage d'un Indult.

L'état actuel de l'Eglife de Cambray ne refifte pas
moins au droit d'indult. Cette Eglife ayant été affujettie
au Concordat Germanique, comme on l'a déja obfervé, à
titre onéreux, par la loy du Souverain, ne peut ceffer de
fuivre cette loy qu'en rentrant dans fon ancien droit.
L'ufage du Concordat n'étant point à fon égard une
grace du Saint Siege, le Pape ne peut y déroger. La
difpofition du §. *Et ad finem*, (z) met un obftacle infur-
montable à l'Indult, & en rend l'ufage abfolument incompatible avec le Concordat. C'eft ce qui fut folem-
nellement reconnu, tant par le Pape que par le Roy,
dans l'Indult accordé au Roy pour l'Archevêché de
Cambray; puifque le Roy exigea la ceffion du Chapitre
qui exerçoit le droit d'élire fon Archevêque en vertu du
Concordat. On reconnut alors qu'on ne pouvoit
autrement s'écarter de la loy du Concordat, des Conftitutions de l'Empire, & fingulierement de celles des
Empereurs Charles-Quint de 1554. & Ferdinand de
1559. adreffées à l'Eglife de Cambray, confirmées par
les Capitulations de 1667. & de 1677. où le droit du
Chapitre de conferer la premiere Dignité, fe trouve ex-
pliqué d'une maniere fi claire & fi précife.

La collation de la Prevôté de l'Eglife de Cambray
appartient inconteftablement au Chapitre, on l'a dé-
montré. Si le Roy vouloit donc acquerir aujourd'hui la
nomination de ce Benefice, ce ne pourroit être que par
le confentement & par une ceffion du Chapitre, parce

(z) *Et infuper quoque
irritum & inane, fi
fecus fuper his à quo-
quam quavis auctori-
tate fcienter, vel igno-
ranter contigerit at-
tentari.*

que le Pape ne peut accorder un droit qu'il n'a point ; ou fi l'on vouloit s'écarter autrement de la loy du Concordat Germanique , l'Eglife de Cambray revenant alors dans fon premier état , jouiroit des privileges & libertés de l'Eglife Gallicane dont elle faifoit partie avant & durant l'ufurpation de Cambray fur le Royeume de France , jufqu'au tems de fa foumiffion au Concordat Germanique ; ce qui eft incompatible fuivant les maximes du Royaume , avec l'ufage d'un Indult. Mais dans l'un & l'autre cas il eft également inconteftable que la collation de la Prevôté de l'Eglife de Cambray faite par le Chapitre , eft Canonique , & que le fieur Filzmaurice n'a aucun droit à ce Benefice. *Et cum tam folidè efficaciterque Concordata fubfiftant , nihil reverendiffimo D. electo verendum videtur , ne prætextu refervationum Apoftolicarum inquietetur , contra publicum Concordatorum beneficium.* Leoninus, Conf. 50. §. *Et cnm tam folidè.*

Le fieur Filzmaurice vient de publier un nouveau Mémoire , où il a rappellé fous le titre de *Récapitulation,* fes premieres erreurs , les calomnies & les injures dont il a accablé fon Confrere. Il infifte fingulierement fur fa naiffance , fur fes fervices & ceux de fa famille.

Nous avons diffipé fes erreurs par la verité des principes, & par l'exactitude de leur application à cette conteftation , nous avons confondu fes calomnies par la fidelité de nos citations , & meprifé fes injures. Devons-nous craindre qu'on prenne pour des raifons de décider une queftion de droit public , le faftidieux éloge que le fieur Filzmaurice ne ceffe de faire de fa naiffance & de fes fervices ? Son nouveau Mémoire ne mérite donc point que le fieur de la Verdure entre avec lui dans un nouveau combat.

Nous ne devons pas une attention plus ferieufe à une

Lettre d'un Magiftrat du Parlement de Flandre ; que le
fieur Filzmaurice a livrée à l'impreffion dans fon nouveau Mémoire. Cette Lettre ne contient que la répeti-
tion de fes erreurs. C'eft une décifion furprife & précipi-
tée que le même Magiftrat fe feroit honneur de retracter
aujourd'hui , s'il étoit confulté fur les Mémoires refpec-
tifs des Parties.

CONSEIL DES DEPESCHES.

Monfieur JOLY DE FLEURY , Rapporteur.

M^e DE SERIONNE, Avocat.

De l'Imprimerie de la Veuve d'ANDRE' KNAPEN , au bas du Pont
S. Michel, au Bon Protecteur.